¡ABEJA LEE
APAGA ESA TV!

by Shalini Singh Anand
illustrated by Kate Chuang

Little Lee was a Bee
who watched too much TV.

Lee sat on the couch all day
and never went out to play.

La pequeña Lee era una abeja,
que miraba mucha TV.

Lee se sentaba en el sofá todo el día
y nunca salía a jugar.

One morning Lee was feeling blue...
The Bee family knew just what to do.

Una mañana Lee se sintió triste...
La familia de la abeja sabía exactamente qué hacer.

"Little Lee don't you see
all that TV isn't good for you or me!

Put down those video games too
None of that will do.

Sitting around makes you lumpy
and you might even feel grumpy.

¡Pequeña Lee, no te das cuenta que
la TV no es buena para ti, ni para mí!

También deja esos video juegos
Nada de eso es bueno para ti.

Permanecer sentada te hará gordita
y hasta podrás sentirte malita.

When you're on the go
You should know,
That bones grow, muscles show
And energy is never low!"

¡Cuando estás en movimiento
Tú deberías saber,
Que los huesos crecen,
los músculos aparecen
Y tendrás mucha energía!

To end their worry and fear
The Bee family called a friend who lived near.

Para poner fin a sus preocupaciones y miedos
La familia de la abeja llamó a un amigo que vivía cerca.

Ding Dong! Went the front door
Lee wondered what was in store...

¡Din Don! La puerta sonó
Lee se preguntó, ¿qué pasará...?

It was Firefly Spark
who wanted to play at the park.

Lee the Bee turned off the TV
and said, "It's only fair
to get some fresh air."

Era la luciérnaga Spark
Que quería jugar afuera.

La abeja Lee apagó la TV
y dijo: “es justo,
para tomar un poco de aire fresco.”

They decided to ride the slide....

Lee y Spark, decidieron montarse en el tobogán...

Climb and cling through the trapeze ring....
And laugh and sing on the swing.

Se subieron y se colgaron del trapecio
Y rieron y cantaron en el columpio.

As their spirits grew
Lee felt healthy and new.

When you're on the go
You should know,
That bones grow, muscles show
And energy is never low!

A medida que crecía su espíritu
Lee se sentía sana y como nueva.

¡Cuando estás en movimiento
Tú deberías saber,
Que los huesos crecen,
los músculos aparecen
Y tendrás mucha energía!

After all the fun
Lee decided to run.

Después de toda la diversión
Lee decidió correr.

Along the way
Grasshopper and Cricket wanted to play.

A lo largo del camino
El Grillo y el Saltamontes querían jugar.

Their hearts were pumping
as they started jumping.

When you're on the go
You should know,
That bones grow, muscles show
And energy is never low!

Sus corazones estaban latiendo
Y empezaron a brincar.

¡Cuando estás en movimiento
Tú deberías saber,
Que los huesos crecen,
los músculos aparecen
Y tendrás mucha energía!

At the end of the day
Lee loved to play
and started to say,
"I was such a bore
and now I know more...

Al final del día
Lee adoraba jugar
y comenzó a decir:
"Estaba tan aburrida
Y ahora sé mucho más...

Playing outside keeps me learning
not sitting at home tossing and turning...

Jugar al aire libre me mantiene aprendiendo
sin sentarme en casa, inquieta...

Plus my friends were few
and now I have many new...

Play is the best way
to stay healthy and strong
all day long!

Además, mis amigos eran pocos
y ahora tengo muchos...

¡Jugar es la mejor manera
de estar fuerte y saludable
todo el día!

Now I'm happy and healthy as can be
No more TV for me!"
Buzzy buzzed, Lee the Bee.

Sing Along (repeat 2 times):
When you're on the go
You should know,
That bones grow, muscles show
And energy is never low!

¡Ahora estoy feliz y no puedo estar más saludable
¡No más TV para mí!"
Buzz buzz, la abeja Lee.

A cantar (repetir dos veces):
¡Cuando estás en movimiento
Tú deberías saber,
Que los huesos crecen, los músculos aparecen
Y tendrás mucha energía!

The End

To my baby love, Vishal & my husband, Sid—S.S.A

Para mi pequeño amor, Vishal y mi esposo Sid—S.S.A

TIP FOR PARENTS:

Children spend too much time in front of screens.

Did you know that according to The Campaign for a Commercial-Free Childhood, preschoolers spend an average of 32 hours / week using screen-based entertainment like TV, computers and video games? Excessive screen time is harmful. Poor school performance, childhood obesity and attention problems are all linked to screen time. Research also shows that babies and preschoolers who spend time in front of a screen spend less time interacting with their parents and less time in creative play — activities that are essential for learning and development.

On the positive side, research also finds children who spend less time watching television and using the computer or other electronic devices early on tend to do better in school, have a healthier diet, and are more physically active.

Pediatricians recommend that parents and guardians limit screen time for children to no more than one to two hours a day, with no screen time for children under age 2. After that, experts say it's time to shut it off and get moving.

Cutting back on screen time can be difficult. Remember, this does not mean watching no TV or video games at all, but it does mean being careful about what and how much your child watches. When you are ready to try, your doctor and others can give you information and support to help.

So take the healthy challenge...
turn off the screen and turn on life!!

CONSEJOS PARA PADRES:

Los niños pasan mucho tiempo frente a las pantallas.

¿Sabía usted que de acuerdo a The Campaign for a Commercial-Free Childhood (Campaña para la niñez libre de comerciales), los niños en edad preescolar pasan un promedio de 32 horas / semana divirtiéndose frente a una pantalla, como la televisión, la computadora o los video juegos? Pasar mucho tiempo frente a una pantalla es peligroso. El bajo rendimiento escolar, la obesidad y los problemas de atención, están asociados con el tiempo que pasan los niños frente a las pantallas. Estudios también muestran que los bebés o los niños en edad preescolar que pasan mucho tiempo frente a las pantallas, dedican menos tiempo interactuando con sus padres y menos tiempo en el juego creativo, actividades que son esenciales para el aprendizaje y el desarrollo.

En el lado positivo, las estudios también han encontrado que los niños que pasan menos tiempo mirando la televisión, usando computadoras u otro dispositivo electrónico a temprana edad, tienden a ser mejores en la escuela, llevan dietas más saludables y son más activos físicamente.

Los pediatras recomiendan que los padres y cuidadores limiten el tiempo en que los niños están expuestos a las pantallas a no más de una o dos horas al día, y que eliminen el tiempo en niños menores de 2 años. Después de ese tiempo, los expertos aseguran es tiempo apagar las pantallas y moverse.

Reducir el tiempo de pantalla puede ser difícil. Recuerde que esto no significa que los niños no pueden ver televisión o jugar con los video juegos del todo; quiere decir que Usted será más cuidadoso con lo que sus hijos miran y el tiempo en que lo hacen. Cuando esté preparado, su médico y otros expertos pueden darle la información y el apoyo que usted necesita.

Entonces, tome el reto saludable....
¡Apague las pantallas y cambie su vida!

Fun for the Kids
Diversión para niños

Match Lee the Bee & Friends
Partido a la abeja Lee y sus amigos

Grandma
Abuelita

Spark
Spark

Lee the Bee
La abeja Lee

Mom
Mamá

Grasshopper
Saltamontes

Dad
Papá

Cricket
Grillo

Grandpa
Abuelo

Find what doesn't belong in this picture and **circle it**
Encuentre cuál imagen no pertenece a este cuadro y hágale un círculo

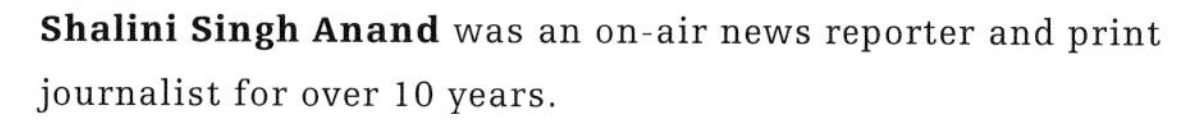

Shalini Singh Anand was an on-air news reporter and print journalist for over 10 years.

She worked for local stations like Fox and NBC News as well as the International Channel in Los Angeles and the Bay Area. Her first children's book, Potter the Otter: A Tale About Water has over 500,000 copies in circulation throughout the world. During her free time, Shalini enjoys reading stories to young children and watching their expressions!

Kate Chuang is a graphic designer with years of experience in illustration, identity and packaging design. She is a graduate of the Academy of Art University, San Francisco and was published in Creative Quarterly Journal. Kate enjoys watercolor painting and photography along with illustrating for children's books.

SPECIAL THANKS

Dr. Padmaja Padalkar, Assistant Chief of Pediatrics
Kaiser Permanente San Jose Medical Center

ADVISORS

Jo Seavey-Hultquist, South Bay Community Benefit Manager
Dawn Bussey, Public Affairs
Kaiser Permanente

WRITER Shalini Singh Anand
ILLUSTRATOR Kate Chuang